Angie la Coquette
麗しのアンジ～

ネコよみくじ

JN007015

アンジー・ラ・コケット チーム

集英社

SNSを中心に展開中の
「アンジー・ラ・コケット☆麗しのアンジー」
まずは登場するキャラクター達をご紹介!

自分の着る
服は自分で
つくる!

おしゃれと
ファッション
が大好き♪

音楽
大好き

たまに
寂しがり屋で
甘えん坊

自由を愛す
自由猫

食べるの
大好き

ポジティブで
立ち直りが
はやい

いつでも
ワクワク
していたい

オッドアイの白猫

よき理解者
むしろ
保護者⁉

冷静でクール
ムダが嫌いな
ミニマリスト

白黒毛並みの
ハチワレ猫

アンジーとは
幼なじみ

アンジーの親友
ナミエ

アンジーとは
音楽を通じて
知り合った

見た目で
誤解
されがち

優しくて
照れ屋さん

愛する
ぬい達

ギターと
歌が得意

通称・テオ

友達のヤブイヌ
テオドール

アンジーは大好きな街で
大好きな仲間達と
毎日をハッピーに過してます♪

3

ご機嫌いかが? アンジーよ。
「ネコよみくじ」を手に取ってくれてありがとう♡

この本は、あたしの日々の生活の中で起こった
出来事や普段から感じていることをまとめた本よ。
毎日をハッピーに過ごすためにあたしがやっている
ことを詰め込んだから、何かに悩んでいる時や
ふと気になった時にこの本をそっと開いてみて。
もしかしたらそこに今、あなたが求めている
答えへのヒントがあるかもしれないわ。

あなたにも、あたしと同じくらいハッピーな日々が
訪れますように!

この本の使い方は簡単！目をつぶって知りたいことを念じながら、パッと本を開くだけ。そこで目に留まった絵や言葉が、きっと今のあなたに必要な言葉。小さなアンジーのアイコンで幸せ指数も占えちゃう♪

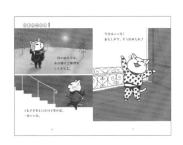

カラーページは、アンジーの日常を描いた絵物語。3枚の絵の中からピンとくるものがあったら、次の1色ページをめくってみてね。

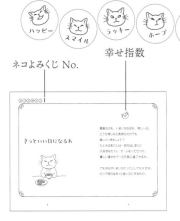

幸せ指数

ネコよみくじ No.

1色ページは、日々の中で感じたアンジーの気持ちや毎日を楽しく過ごすために、アンジーがやっていることを文章にしたページ。言葉にピンときたら、1ページ戻ってカラーページも見てみてね。

一日の始まりは、
お日様にご挨拶を
してからよ。

つまさきを上にむけて歩けば、
一日いい日。

今日はいい日！
あたしが今、そう決めたわ♪

きっといい日になるわ

素敵な日も、いまいちな日も、同じ一日。
どうせ同じなら気持ちだけでも
楽しくいきましょう？
たとえばあたしは一日のはじまりに
大好きなカフェ・オ・レをいただくの。
優しい温かさで一日元気に過ごせるわ。

でも今日がいまいちだったとしても大丈夫。
だって明日はきっと良い日にするもの。

自分に何が
必要かは
あたしが一番
知っているもの。

幸せに
大小なんてないわ。

あたしの中に世界が、ある！

あたしの基準はあたし

誰の中にだって自分だけの世界があるし、
自分だけの基準があるわ。
誰かに何かを否定されたって、
そんなの関係ない！
だってあたしの世界を一番好きで
一番知っているのはあたし自身。

いつだってあたしだけは
あたしを信じて愛していたいの。

正解なんて…
自分が決めればOKよ！

ありきたりの
何がいいの？

ハジけちゃっても
いいわよね？

15

ルールなんて
ナンセンス！

ルールを気にして
ありきたりに生きていくなんてつまんない。
たまにはハジけちゃっても
冒険しちゃってもいいの！
きっと新しいあたしが発見できるわ。

たとえうっかり間違えちゃったとしても、
自分で正解にしちゃえばそれでオッケー♪
堂々といきましょう？

特別なものはなんにもいらないの。

一緒だから、楽しいわ♪

美味しい食事に、大好きな友だちに、
ありがとう。

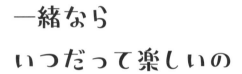

一緒なら
いつだって楽しいの

何も特別なことはなくっていい。

だって大好きな人と一緒にいる、

それだけで楽しいもの。

なかなか言えないけれど…

いつもありがとう。

そんな感謝の気持ちを込めて

明日、食事に誘ってみようかな。

良かったらあなたも一緒にいかが？

時の流れにまかせてもいいわよね。

ぶあつい雲の先で
青い空が待っていてくれるの。

忘れることも
忘れないことも、たいせつよ。

切なさへの処方箋

自分ではどうしようもないことって
あるわよね。
そんなときは抗わず流れに身を任せるの。
大丈夫。
今は先が見えないほど心が曇っていても、
その先にはきっと晴れ間が広がるわ。

それでもどうしても悲しいときは、
忘れることで癒されることもある。
忘れないことで強くなれることも
あるけれどね。
どれも素敵で、どれも正解よ！

離れていても同じ空の下、
同じ時を刻んでいるもの。

誰かを想う時間って幸せよね。

そっと見守るのも愛、よね？

愛って誰かを想う
時間のこと

すぐそばにいられなくても
誰にも言えないきもちでも、
大好きな人がそこにいてくれるだけでいい。

届いても届かなくても、かまわない。
誰かのことを想えるこの時間が、
とっても幸せ。
ふんわりあったかくなれるから。

ゆううつを好きで埋めるの。

ご機嫌♪のつくり方

いつでもご機嫌だったら最高だけど、
そんな日ばかりじゃないでしょう？
たとえば雨の日。
晴れた日の青空も素敵だけど、
雨の日にも雨の日の楽しみがあるものよ。
ゆううつ気分を変えてくれるのは自分。
美味しいものを食べたり
楽しいところへお出かけしたり。
どんな時も自分なりの楽しみ方を
見つけてね。

ネコよみくじ 8

可愛くあるのは
誰かじゃなくて、
あたしのためよ？

ブラックドレスは
レディの勝負服よ。

あたしも街を彩るわ。

スペシャルな装いは

誰のため？

今日はとっても大事な一日になる。
そんな予感がするの。
だから勝負服で出かけてね！
お気に入りのお洋服やアクセサリーを
まとって、美しさもテンションもアップ。

気がついたら同じ色ばかりが
クローゼットに並んでるあなたも、
今日はいつもとはちょっと違うコーデや
カラーに挑戦よ！

ありがとうを
うまく言えた日は、
幸せな日。

大事なことをひとつだけ、
丁寧に。

感謝と願いを込めて、
たくさん召し上がれ♪

ありがとうは
幸せを呼ぶ言葉

ついつい言葉を尽くしたくなるけれど、
本当に伝えたいことって
実はとってもシンプル。
そんな言葉を飾らずに
伝えられる人になりたいの。

だってあたし一人でできることなんて、
ホントにほんのひと握り。
だからいつも、ありがとう。

大事なものって、
ちょっと離れてみると
見つかるの。

なんでそんな所に!?
ってこと、
あるわよね…。

いつも見えているものが、
すべてだと思う?

探しものの見つけかた

探しているものが見つからない時って
本当に悲しくなるわよね。
でも大丈夫。
落ち着いてちょっと離れてみてみたら、
きっとすぐに見つかるわ。

大切なものがすぐそこにあるのに
見えていない。
それって案外あることよ。
人生の探しものも、同じかもね？

…どうして？

…どうして？

「どうして？」って
泣きたくなるくらい運が悪い日や
思わぬハプニングに巻き込まれる日って
あるものよ。
そんなときはいつもより楽しいことや
嬉しいことをするの。
そうして「今日は良い日」に
塗り替えちゃう♪
それでもダメなときは、
さっさと寝ちゃうに限るわ！
思う存分寝て明日になれば、
何を悩んでたのかさえ忘れちゃうものよ。

あなたのいない世界なんて
もうムリ。

同じに見えても、
ぜんぜん同じ
じゃないのよ。

"好き"があたしをつくっているのよ。

好きがあるから
あたしなの

大好きで大切なもの。
あたしをつくっているあたしの宝物。
なくなるなんて、ありえない！

だからいつだっていつまでも、
ずーっとずっと
大好きって言わせてね？

どうやって降りようかしら。

だいじょうぶ…。
あたしはここから立ち直れ…る！

にっちもさっちも
いかないことって
あるわね…。

逆境も
受け入れちゃうの

何をどうしたって
うまくいかないことはあるし、
自分ではどうにもできなくなることもある。
そんな時は自分をごまかしたほうが
ダメージが大きいわ。
いっそ、とことん落ち込むのもアリよ！

落ち込む余裕もないときはそうね…
逆境を受け入れて
楽しんじゃえばいいのよ♪

今日は…食べるわ！

自分の心に正直って
やっぱり大事よね。

はむっ

これがあたしの最強朝ごはん♪

今日はいちにち
チートデイ♪

ハッピーが減ってきたなと思ったら
美味しいものを食べるの。
このときだけはカロリーなんて気にしない。
だって美味しいものを食べてるときって
本当に幸せ！
だからあたしは食べたいときに
食べたいものを食べたいだけ食べるの。
自分の心に正直に、ね♪

ネコよみくじ 15

「やりたい」が出ない日は、
おやすみの日ってことよ。

な〜んにもしないことを
する日なの。

今日はあたしを充電する日♪

おやすみ曜日

今日は一日の〜んびりおやすみ曜日。
ぽかぽかお日様の暖かさをただ感じたり、
流れる雲を眺めたり。
あたしがあたしでいるために、
今日はたくさん充電するの。

な〜んにもしないことをする日なんだから、
明日できることは
今日やらなくてもいいのよ？

あたしは、晴れ女っ♪

なんでもできるけど、なんにもしないのよ？

バカンスのために働くのよ。

ふふふ〜ん♪

ネコよみくじ **16**

バカンスはいかが ？

毎日忙しいけれど、バカンスのためなら
がんばれるものでしょう？
だってお休みにはあれをしよう
これをしようって考えてるだけで楽しいわ。

あなたはバカンスでどんなところに
行きたいかしら？
たまのお休み。日常から離れて
思いっきり羽を伸ばしちゃいましょ♪

きゅっ

逃げるが勝ちっていうでしょう？

焦げないように、
少し離れてるのも大切ね。

人生にハプニングって、つきものよね。

ハプニングは
あるものよ

ハプニングの種は思わぬところに
転がっているもの。
うっかり不運につかまっちゃうことも
あるわよね…。
でもそれって普段からちょっとだけ
注意深くいられれば、
避けられたのかもしれないわ。
ちょっぴりスリルを味わうくらいなら
悪くないけれど、もしも野生の勘が
働いたなら要注意。
心の信号が黄色のうちに急いで逃げて！

誰にだって秘密は
あるわよね。

見えないところも
自分なのよ。

オトナって…
いいわよ。

レディには
秘密があるの

オトナには表からじゃ見えない秘密が
あるものよ。
ドレスだって前から見て可愛いだけじゃ
物足りないでしょ？
それをどう隠してどう魅せていくかが
オトナの腕の見せどころ♡

あなたも素敵な秘密、抱えてみない？

ネコはがんばらない生き物なのよ。

やると決めたら
やるわ。
明日から！

ほどほどで、 いいわよね。

ほどほどに、
がんばるわ

ずっと全力でがんばり続けるなんて
欲張りなことはしない主義。
本当に全力を出すべきその時までは、
ほどほどにがんばるくらいがちょうどいい。

大切なのはやろうとする気持ち！
だからがんばるわ、明日から！！

無心になるってだいじよ。

悩み続ける時間がムダね。

できないことは数えない。
できることを重ねていくわ。

まずはひとつ、
一歩ずつ

何からどうすればいいか分からないときは、
とにかく思いついたことをしてみるの。
たとえばお掃除、たとえばウォーキング。
無心でカラダを動かしていると、
案外すっきり心も軽くなるものよ。

一度に全部なんてできないんだから、
できないことばかり数えてちゃダメ。
だからまずはひとつずつ、一歩ずつね。

ネコよみくじ 21

大好きを詰め込んだお城よ♪

夜はやわらかな明かりで
すごすのが好きなの。

結局、ここが一番落ち着くわね。

あたしのお城は
いつでも快適★

あたしの楽しいも悲しいも
ぜ〜んぶ知ってるあたしのお城。
ときどき散らかっちゃうこともあるけれど、
お気に入りのものしか目に入らない
居心地の良さが自慢なの。

だからここが、だ〜い好き！

ひとりは嫌い。
だけど、ひとりの時間が好き。

嫌なものは嫌。

誰かの嫌いは
誰かの好き、なのね。

好きと嫌いの境界線は

好きや嫌いの答えはひとつじゃないわ。

ひとりでいるのが寂しいときも、
ひとりでいたいときもある。
あたしが嫌いなものが大好きな人も
きっといる。

好きも嫌いも、実はあやふや。
こだわりすぎないほうがいいのかも
しれないわ。

寂しいときは音楽が
癒してくれるわ。

音楽は心の栄養よ。

魂が震える音楽ってあるわよね。

音楽は幸せの魔法♪

音楽って癒してくれたり驚かせてくれたり、
時には切なくさせられたり。
それってきっと魂が震えて共鳴しているの。

楽しい音楽が流れてきたら
自然とカラダが動いて笑顔になって
悲しいときや寂しいときは
音楽がそっと寄り添ってくれる。
だからあたしにとって音楽は幸せの魔法♪

あきらめるまでは
負けじゃないのよ！

"できない"って
永遠じゃないわ。

希望を言い続けるって大事なの。

いつだって
希望はあるわ

できないことも苦手なこともももちろんあるわ。

でもそれって永遠じゃないでしょう？

一番近道はムリだとしても、

ゆっくりでもいいから始めてみたい。

やってみて楽しければ素敵だし、

うまくできたらもっと素敵。

たとえできなかったとしても、

やってみたことはムダじゃない。

なにより寂しいのは、

やりたいのにあきらめることよ。

やりたいことを
全部やってみるわ！

その時は今だと
教えてくれるのは
あたし自身よ。

人生の晴れ舞台はいつだって
"今"よ！

今がそのときよ！

誰に言われるでもなく、
「ここが勝負」って思うことがあるわ。
全力でがんばらないといけないことって
人生にそう何度も訪れない。
きっと今がそのときなのね。

後悔しても時間は元には戻らない。
いつだって、
今が一番輝いているあたしでいたいから、
やるなら今よ！

気の赴くまま、足の向くまま
進んでみるの。

ゆっくり歩きたくなる日ってあるわよね。

まっすぐ登って
いくだけなんて、
つまらないでしょ？

進みかたはあたし次第

あたしの進む道の先を決めるのは
いつだってあたし自身でいたい。

まっすぐじゃなくてかまわない。
ゆっくりでもいい、回り道をしたっていいの。
あたしなりの歩み方で
いつか素敵な場所へたどり着いてみせるわ。

あなたの進む道はどんな道かしら？

ぶつかり合える
からこそ、
大好きなの。

まったくもう！
でも、
そばにいるわ。

出逢いって、
奇跡の積み重ねだと思うの。

出逢いは運命ね

友だちだからって
好きなものが同じとは限らない。
友だちだからって
なんでも OK なんてありえない。

ときにはぶつかり合うこともある。
でもそれで嫌いになったりしないわ。
だってだからこそ、大好きなんだもの。

これからもそうやって
一緒に時を重ねていくの。

みんながいてくれるから、
ひとりも楽しいわ♪

心がととのう場所があるの。

悩みも迷いもここに流すの。

心落ち着く
あたしの居場所

大好きな人たちが住む、大好きなあたしの街。
楽しさも切なさも安らぎも。
大切な思い出がたくさん詰まった
あたしの居場所。

そこに行くだけで、歩いてみるだけで
なんだか心が軽くなるの。

あなたの大好きな街はどんな街？

たまには
他人の手を借りるのも
悪くないわね。

誰にも見せない
顔もあるのよ？

ふわふわ毛並みはレディのたしなみよ。

お肌にもあたしにも
優しくね

お肌のケアもカラダのケアもとっても大切。

レディだもの。

いつまでも美しさは諦めちゃダメ。

忙しくても自分を労ることは

忘れないで？

だってキレイでいるのは

誰のためでもないわ。

あたしがあたしでいるためよ。

迷ったときは
ワクワクするほうを選ぶの。

小さな妥協は
大きな絶望を
生むのよ。

ムリしてひとつを選ぶ必要はないのよ？

ネコよみくじ 30

迷ったときは…

迷ったときは
どれがワクワクするかで決めるのよ。
正解は心の声が教えてくれるわ。

一度決めたら後悔するなんて時間のムダ。
どうしても決められないなら、
いっそのこと全部手に入れちゃえば
いいんじゃない？

ネコよみくじ 31

今夜は星と語らいたい気分なの。

今夜は素敵な夢を
見るって
決めてるの。

泣きたい時も、
笑いたい時も、
そばにいてね？

夜空に抱かれて

澄んだ夜空に輝く月や星たちを
見上げるのが好き。
いつだって見守ってくれている、
大きくて広い宇宙に
抱かれている気がするから。

そんな日は決まって素敵な夢が見られるの。
あなたも今日は夜空を見上げて、
素敵な夢の魔法をかけて。
きっと明日も素敵な一日になるわ。

スイッチ、オフ！

力を抜いて

ずっとオンでいなきゃいけない日々を
続けていたら、
力の抜き方を忘れてしまうわ。
そんなときは思いっきりスイッチを
オフにする日をつくるの。

ごろごろダラダラしかしない、
誰の目もな〜んにも気にしない一日。
ありのままの自分で過ごしましょう？

美味しいを想像している
この時間も幸せ。

いい眠りのために
しっかりほぐすわ。

にゃーん

一日の終わりは大好きで満たすの。

今日のあたしに
お疲れ様

今日はホントにお疲れ様。
こんな日は自分に思いきり優しくするの。
だって一日の締めくくりが幸せだったら
その日はもうそれだけでオッケー！
大好きな香りに包まれて
ゆっくりバスタイムを楽んだり、
気になってたスイーツを買って帰ったり。

そうして疲れたカラダも心も
ほぐしてあげたら、
明日もきっとまたがんばれるわ。

届かない願い
だとしても、
願ってしまう
ものでしょう?

眠れない夜は、
ホットミルクに
蜂蜜をたっぷり。

心がざわめいて眠れない日もあるの。

心ざわめく夜の
過ごしかた

なんだか心がざわついて眠れない夜。
そんなときは温かい飲み物を飲みながら
お月様とお話ししましょ。
それでも眠れないのなら、
眠くなるまでひとりで深夜のパーティね。

たまには夜更かしもいいものよ？

141

元気になれる方法なんて
いくつでもあるのよ。

うーふぅー♪

踊りは
幸せを
呼ぶのよ。

歌って踊れば
楽しくなっちゃう。

レッツダンス♪

嬉しいときや楽しいときは自然と
カラダが動いちゃう。
それってハッピーが
いっぱいたまっている証拠。
ハッピーは内に秘めずに
どんどん出していきましょう!

いまいちな気分のときだって
とりあえず踊っちゃえば大丈夫。
不思議とハッピーになれちゃうものよ♪

お腹いっぱいの
ハッピーで満たすわ♡

なにもかも吹き飛ぶ瞬間ね！

ぷっはぁ

"美味しい"は、
あたしを豊かに
してくれるの。

美味しいものは

ハッピーの源

美味しいものを食べたとき、
お腹だけじゃなく心まで
満たされちゃうのはなぜかしら？
ささやかかもしれないけれど、
幸せってきっとこういうこと。

毎日美味しいハッピーをほおばって、
みんなと笑顔で満たされていたいわ♪

そうね。
明日はきっと
良いようになるわ。

できないことがあるのは
罪じゃないわよ？

あたしが笑っているから、
今日も大丈夫。

うん。大丈夫よ。

できたこともできないことも、
良いことも悲しいこともあるけれど、
たとえどんな今日であったとしても
明日は変わらずやって来るわ。

明日、あなたがもし笑えなくても
代わりにあたしが笑うから。
大丈夫。
な〜んにも心配いらないわ。

今日も明日も、
あなたがハッピーでありますように♪

今日、あなたが開いたのはどのページ?
そこにはどんなあたしがいて、
どんなことが書いてあったかしら。
この「ネコよみくじ」があなたの毎日に
少しでもハッピーをもたらすものに
なったなら嬉しいわ♡

毎日を過ごしていたら
良い日もそうでない日もあるけれど、
それって案外、キモチ次第!
だからあたしと一緒に念じましょう?

「あたしは絶対、ハッピーになる!」

（旧 Twitter）

 アンジー・ラ・コケット☆麗しのアンジー
@AngieLaCoquette

寒いからコートを着るんじゃないの。
いま着たいから、着るのよ。

Angie la Coquette

Instagram

 アンジー・ラ・コケット☆麗しのアンジー

angie_la_coquette

麗しのアンジー　ネコよみくじ

2024 年 2 月 10 日　第 1 刷発行
2024 年 11 月 19 日　第 3 刷発行

著者
アンジー・ラ・コケットチーム

発行者
樋口尚也

発行所
株式会社 集英社
〒101-8050 東京都千代田区一ツ橋 2-5-10

電話
編集部 03-3230-6141
読者係 03-3230-6080
販売部 03-3230-6393（書店専用）

印刷所
大日本印刷株式会社

製本所
ナショナル製本協同組合

装丁
阿部美樹子

© SDP 2024 Printed in Japan　ISBN978-4-08-781741-6 C0095

集英社学芸編集部公式ウェブサイト
http://gakugei.shueisha.co.jp
集英社学芸編集部公式 Facebook ページ
https://www.facebook.com/shueisha.gakugei